TAMIKO

Wohnt in Nemuro (Japan)
Expertin für Dinosaurier

In der Gegend in Japan, wo Tamiko lebt, kann man jede Menge Fossilien finden. Nichts macht die junge Forscherin lieber, als nach ihnen zu graben. Sie weiß alles über Dinosaurier und befürchtet, dass jederzeit ein Asteroid einschlägt. Obwohl sie sehr vorsichtig ist und sich schnell beunruhigen lässt, findet sie trotzdem immer wieder ihren Mut, wenn es darauf ankommt.

DK

Ein Fall für die ForscherKids

Dino in Not

S. J. King

INHALT

1 Reise in den Jura 4

2 Hilfe für den Stegosaurus 20

3 Stinkende Tarnung 36

4 Angriff der Pterosaurier 50

5 Dino-Fütterung 64

6 Schnell zurück zum Nest 80

7 Tamiko-Raptor 94

8 Zurück nach Hause 106

TAMIKOS NOTIZEN

Die Zeit der Dinosaurier 116

Welche Dinos? 118

Wie ein Fossil entsteht 120

Quiz 122

Begriffe 124

Kapitel 1

REISE IN DEN JURA

Ganz vertieft kroch Tamiko auf Händen und Füßen den Strand entlang. Die harten Kiesel bohrten sich in ihre Haut, aber das bemerkte sie kaum. Sie war nämlich auf der Suche nach Fossilien! Am Strand von Nemuro in Japan, wo sie zu Hause war, gab es Hunderte davon. Zwischen Sand und Algen waren sie jedoch schwer zu finden.

Tamiko siebte den Sand durch die Finger und entdeckte dabei einen scharfkantigen Stein.

„Ha!“, rief sie jubelnd.

Sie nahm ihn hoch und wischte ihn sauber. Ein versteinerter Ammonit! An seinem Schneckengehäuse hatte sie ihn sofort erkannt. Ammoniten hatten zur Zeit der Dinosaurier in den Meeren gelebt. Sie waren mit den Tintenfischen und Kraken verwandt, die auch heute noch in den Ozeanen schwimmen.

Der Ammonit fühlte sich glatt an in Tamikos Hand. Er war vor Millionen Jahren gestorben und im Laufe der Zeit versteinert.

Tamiko steckte den Ammoniten in ihre Tasche. Sie konnte es kaum erwarten, ihren Schatz zu untersuchen. Vorbei an Touristen, die das kleine Küstenstädtchen besichtigten, schlenderte sie nach Hause. Vor ihrem Lieblingsladen blieb sie stehen. Im Schaufenster lagen glitzernde Kristalle und Edelsteine, aber man konnte dort auch Fossilien kaufen. Sie wurden hinten im Verkaufsraum in einer Schachtel aufbewahrt.

Plötzlich erregte etwas anderes ihre Aufmerksamkeit. An der Ladentür leuchtete ein Kompass auf. Aufgeregt griff Tamiko an ihr T-Shirt. Dort trug sie ein Abzeichen mit dem gleichen Kompass – es war das Symbol der Forscher-Kids.

„Wir haben eine neue Mission!"

Tamiko atmete tief durch und öffnete die Ladentür. Statt der üblichen Glaskästen mit Kristallen und Edelsteinen trat sie jedoch in ein grelles weißes Licht. Ein kräftiger Windstoß fuhr in ihr kurzes schwarzes Haar, und für einen Moment hatte sie das Gefühl zu fliegen. Dann wurde das Licht schwächer.

Helle Punkte tanzten vor Tamikos Augen. Sie blinzelte und fand sich in der geheimen Forscherzentrale wieder. Lächelnd sah sie sich um. In eine schwarze Wand waren summende Computerbildschirme eingelassen und wie in ihrem Lieblingsladen gab es Glaskästen, in denen Meteoriten, Muscheln und andere Fundstücke früherer Missionen ausgestellt waren. An der gewölbten Decke prangte ein Bild mit den Sternen und Planeten der Milchstraße. Auf den Boden war eine große Weltkarte gemalt.

Tamiko meldete sich als Erste bei der Zentrale. „Tamiko hier. Melde mich zum Einsatz!“ Sie ließ sich in einen der bequemen Sessel fallen. Es dauerte nicht lange, bis in der grell leuchtenden Tür auch die anderen auftauchten.

„Lea hier!“, sagte ein großes Mädchen mit einem strahlenden Lächeln. An ihrer Wange klebte ein wenig Erde. Obwohl sie Englisch sprach, verstand Tamiko sie dank der Magie der Forscherzentrale.

„Warst du wieder im Garten?“, fragte Tamiko belustigt.

Lea war die Biologie-Expertin im Team. Sie wusste alles über Pflanzen und Tiere. Stolz betrachtete sie ihre schmutzigen Fingernägel. „Du kennst mich doch, Tamiko!“

Die Nächste war Kiki, die Technikerin unter ihnen. „Kiki hier!“, meldete sie sich und schob entschlossen die Brille hoch.

„Olli hier!“, rief ein Junge mit blonden Haaren und einer Zeitschrift über den Amazonas unter dem Arm. Olli war der Regenwald-Experte.

„Roshni hier!“ Das Mädchen, das nun eintrat, hatte die langen schwarzen Haare zu einem Pferdeschwanz gebunden. Sie war die Weltraumforscherin und wusste alles über Sterne, Planeten und Galaxien.

„Connor hier!“ Seine Haare waren klatschnass. Offenbar hatte er gerade seine geliebte Unterwasserwelt erkundet.

„Gustavo hier!“, sagte der Experte für Geschichte. Er hatte ein dickes Buch über die Azteken dabei.

Und schließlich kam der Letzte der acht.

„Cheng hier!“

Tamiko grinste. Cheng war Experte für Geologie. Er liebte Steine.

Die Forscher-Kids versammelten sich um die Weltkarte am Boden, denn sie hatten

einiges miteinander zu besprechen. Normalerweise leuchtete an der Stelle, wo ihre Mission sie hinführen würde, ein Punkt auf. Doch heute war es anders.

„Hey!“, rief Tamiko. „Bin ich das oder bewegt sich die Karte?“

Vor den Augen der Forscher-Kids verschob sich die Welt. Afrika, die Antarktis, Asien, Australien, Europa, Nordamerika und Südamerika glitten aneinander vorbei und stießen gegeneinander, bis es nur noch zwei große Kontinente gab.

„So sah die Erde im Zeitalter des Jura aus", rief Cheng. „Vor 150 Millionen Jahren!"

Aufgeregt sahen sich die Forscher-Kids an. Zwei von ihnen würden in die Zeit der Dinosaurier zurückreisen! *Hoffentlich*

ich, dachte Tamiko. *Ich würde so gerne lebendige Dinos sehen!*

In dem Gebiet, das später einmal Mitteleuropa sein würde, leuchtete ein Bildschirm auf. Es waren Zweige zu sehen und ein ovaler weißer Gegenstand. Tamiko starrte ihn verwundert an. „Das ist ein Dinosaurier-Ei! Vielleicht müssen wir es beschützen."

Für jeden Einsatz wählte die geheime Forscherzentrale zwei Kinder aus. Tamiko hielt gespannt die Luft an und sah auf ihre Brust ... Ihr Abzeichen leuchtete!

„Juhu", jubelte sie. „Ich bin dabei!"

Chengs Abzeichen leuchtete ebenfalls. „Ich auch!"

Gustavo lachte auf. „Eine Dinosaurier-Expertin und ein Geologe. Das perfekte Team für eine Mission in den Jura. Die Forscherzentrale hat die Richtigen ausgewählt."

Cheng und Tamiko klatschten sich ab.

Währenddessen drückte Kiki auf einen großen roten Knopf an einem Computer und aus dem Boden tauchte die *Kolumbus* auf. Sie war ein verbeultes altes Gokart und konnte mehr, als man auf den ersten Blick vermutete ...

Die Forscher-Kids nahmen ihre Plätze vor den Computerbildschirmen in der Zentrale ein und machten sich bereit, Tamiko und Cheng auf ihrer Mission zu unterstützen.

„Viel Glück, Leute“, sagte Olli.

„Und lasst euch nicht von einem T. rex fressen!“, fügte Lea hinzu.

„Tyrannosaurus rex lebte in der Kreidezeit, die kam nach dem Jura“, beruhigte Tamiko sie. „Aber wir sind trotzdem vorsichtig!“

Tamiko und Cheng kletterten in die *Kolumbus*. „Darf ich diesmal ans Steuer?“, fragte Tamiko und sie wechselten die Plätze.

„Von mir aus kann's losgehen", sagte Cheng.

Tamiko drückte den Startknopf. Die *Kolumbus* rüttelte und ratterte, als würden sie einen steilen Berg hinunterrasen, und Tamiko klammerte sich ans Lenkrad.

Die Forscherzentrale verschwand in einem grellen Lichtblitz. Das Lenkrad in Tamikos Händen verwandelte sich in zwei Griffe und die abgewetzten alten Sitze wurden weich und bequem.

Ein lautes Platschen war zu hören, dann verblasste das grelle Licht. Tamiko blinzelte. Sie und Cheng trugen jetzt Helme, und sie saßen in einem bulligen Quad, dessen Reifen zur Hälfte in einem schlammigen grünen Sumpf steckten. Große Blätter fremdartiger Bäume hingen über dem Wasser, am Ufer spross leuchtend grüner Farn und merkwürdige Geräusche erfüllten die Luft. Es roch stark nach Erde.

„Wo sind wir hier?", rief Cheng verblüfft.

Etwas schwirrte durch die Luft und Tamiko zog den Kopf ein. Die Kreatur flog so dicht

über sie hinweg, dass sie den Luftzug ihrer ledrigen Flügel spürte.

„Wow!“ Tamiko war sprachlos. Das war ein Klobiodon – ein riesiger Flugsaurier. Kreischend riss er das Maul auf und zeigte seine spitzen Zähne.

Tamiko lächelte Cheng an. „Willkommen im Jura!“

Kapitel 2
HILFE FÜR DEN STEGOSAURUS

„Unglaublich!", rief Cheng begeistert. Über ihnen zog der Flugsaurier mit mächtigen Flügelschlägen seine Kreise. „Wir sind echt 150 Millionen Jahre in der Zeit zurückgereist, Tamiko!"

Am Sumpfufer wuchsen Palmfarne, hohe Pflanzen mit dicken Stämmen. Dazwischen standen elegante Ginkgobäume, an denen gelbe Früchte in dicken Trauben hingen. Es gab Bäume mit dunkelgrünen Nadeln und hellgrünen Farn mit eingerollten Blättern. Aus allen Richtungen waren Schreie von Dinosauriern zu hören. Begeistert lauschte Tamiko dem fremdartigen Krächzen und Grunzen. Und einem lauten Brüllen.

In einem Farnbusch raschelte es und Cheng krallte erschrocken die Finger in Tamikos Ärmel. Eine Gruppe Dinosaurier, etwa so groß wie Truthähne, brach aus dem Farn und sprintete das Ufer entlang.

Sie hatten lange muskulöse Beine und einen flauschigen orange- und rosafarbenen Bauch.

„Was war das?", wollte Cheng wissen. „Compsognathus", erklärte Tamiko. „Wahrscheinlich jagen sie etwas. Sie sind unglaublich schnell."

Als die Zwergsaurier außer Sichtweite waren, schaukelte die *Kolumbus* plötzlich heftig hin und her. **PIIIEEEP BRUMM GRRR!**, machte sie alarmiert.

„Was ist das?", schrie Tamiko.

Hinter ihr klammerte Cheng sich an den Sitz. Irgendetwas boxte von unten gegen die *Kolumbus*. Etwas im Sumpf ...

Als Tamiko ins trübe Wasser starrte, erkannte sie vier breite Flossen und einen sehr langen Hals.

Wieder stieß das Geschöpf gegen ihr Gefährt und brachte es zum Schaukeln.

„I-Ist das ein Krokodil?“, fragte Cheng.

„Ein Plesiosaurier“, klärte Tamiko ihn auf. „Plesiosaurier lebten im Meer und in Sümpfen. Ich glaube, er ist nur neugierig.“ Sie lachte. „Wahrscheinlich hat er noch nie ein Quad gesehen.“

Der Plesiosaurier steckte den Kopf aus dem Wasser. In seinem weit aufgerissenen

Maul blitzten scharfe Zähne. Das war nicht mehr lustig.

„Nichts wie weg hier! Fahren wir besser ans Ufer, bevor wir noch im Sumpf landen“, sagte sie. Sie drehte am Gasgriff. Der Motor der *Kolumbus* heulte auf und die Räder gruben sich durch den Schlamm. Unter einem großen Ginkgo hielten sie an.

„Wir sollten nach dem Dinosaurier-Ei suchen“, sagte Cheng. „Nur wo?“ Sie stiegen vom Quad und hängten die Helme an den Lenker.

„Lass uns auf einen Hügel steigen“, schlug Tamiko vor. „Dann sehen wir vielleicht, wo wir suchen müssen.“

Sie machten sich auf den Weg durch den Wald. In der Ferne erkannte Tamiko eine Herde friedlich grasender Cetiosaurier. Sie reckten ihre langen Hälse und knabberten an den zarten Blättern hoch oben an den Bäumen. Am Himmel zog das Klobiodon noch immer seine Kreise. Tamiko musste lächeln. Es war wundervoll, diese faszinierenden Geschöpfe atmen und fressen zu sehen. Sie konnte kaum glauben, dass sie wirklich im Jura war!

Plötzlich rumpelte es heftig. Tamiko wirbelte herum.

Eine Gruppe Dinosaurier streifte das Sumpfufer entlang. Im Gegensatz zu den

Cetiosauriern, die sich auf vier Beinen bewegten, gingen diese Dinos aufrecht. Sie hatten kräftige Hinterbeine und Krallen wie Dolche. Auf der Suche nach Beute warfen sie den Kopf hin und her und schlugen den kräftigen Schwanz auf den Boden. Ihre langen Zähne blitzten in der Sonne. Tamikos Herz pochte vor Aufregung.

„Diese Kerle scheinen bösartiger zu sein als die Dinos, die an den Bäumen geknabbert haben", flüsterte Cheng.

„Cetiosaurier ernähren sich von Pflanzen", erklärte Tamiko. „Aber das da sind Allosaurier, gefährliche Fleischfresser."

Cheng schluckte.

„Verschwinden wir von hier", sagte Tamiko.

Eilig gingen sie weiter. In ihrer Nähe schrie etwas. Ängstlich sahen sie sich um.

„Was war das?“, fragte Cheng.

Sie blieben stehen. Ein klägliches Fiepen war zu hören. Tamiko wäre am liebsten losgerannt, um nachzusehen. „Was immer da schreit, scheint in großer Not zu sein.“

„Vielleicht ist es Teil unserer Mission zu helfen“, meinte Cheng. „Los, komm!“

Tamiko folgte ihm quer durch den Wald. Sie duckten sich unter dicken Trauben von Ginkgofrüchten und schlugen sich durch den feuchten Farn. Das Fiepen klang jetzt ganz nah.

Durch ein Dickicht aus Palmfarnen kamen sie auf eine kleine Lichtung. Tamiko blieb die Luft weg. Direkt vor ihnen saß ein junger Dinosaurier.

Er hatte einen runden Körper, einen kleinen Kopf und aus seinem Rücken ragten zwei Reihen knöcherner Platten. An seinem Schwanzende wuchsen mehrere Stacheln.

„Ein Stegosaurier-Baby!", rief Tamiko.

Das Winseln erregte Mitleid in ihr.

„Fressen diese Dinos auch Fleisch wie die Allosaurier?", fragte Cheng zögernd.

„Nein, keine Sorge", entgegnete Tamiko. „Stegosaurier sind Pflanzenfresser."

Vorsichtig näherte sie sich dem Tier, das vor Schmerzen schrie. „Wo ist denn deine Familie, Kleiner?"

„*Kleiner?*", schnaubte Cheng. „Der Kerl ist fast zwei Meter lang!"

„Das ist noch gar nichts." Tamiko grinste. „Seine Eltern sind viermal so groß!"

Der kleine Stegosaurus hob den Kopf und schrie. Cheng und Tamiko sahen sich auf der Lichtung um, aber von der Familie des Kleinen war weit und breit keine Spur.

„So wie er schreit, fühlt er sich nicht nur allein“, mutmaßte Tamiko.

„Ich glaube, er ist in einen Dorn getreten“, sagte Cheng. „Schau mal.“

Tamiko kniete sich auf den Boden, um sich den Fuß, den der winselnde Stegosaurus in die Luft hielt, genauer anzusehen. Ein fieser langer Dorn ragte aus der Sohle.

In der Ferne rumpelte es schrecklich laut.

„Oh nein!“ Tamiko sah auf. „Das sind die Allosaurier.

Wir müssen dem kleinen Kerl schnell helfen oder sie schnappen ihn."

Cheng wollte den Dorn gerade packen, als etwas zischend durch die Luft fegte. Er konnte dem stacheligen Stegosaurierschwanz gerade noch ausweichen.

„Das war aber nicht sehr nett", schimpfte Cheng. „Wir versuchen doch nur dir zu helfen, Kumpel. Oder willst du im Bauch eines Allosaurus enden?" Das Dino-Kind schlug den Schwanz auf den Boden.

Tamiko sah sich auf der Lichtung um und pflückte rasch ein paar gelbe Ginkgofrüchte.

„Das ist jetzt nicht der richtige Moment für einen Snack", maulte Cheng.

Tamiko lachte. „Die sind doch nicht für mich." Sorgsam legte sie einige Früchte in die Kapuze ihres Pullis und band

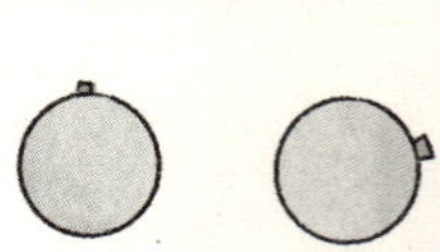

ihn wieder um. „Die sind für unseren kleinen Freund. Hier, nimm auch eine Handvoll."

Cheng rümpfte die Nase und schüttelte sich angewidert. „Bäh! Die stinken nach Kotze!"

„Ich weiß", sagte Tamiko belustigt. „Aber Stegosaurier lieben diese Früchte! Wenn du ihn damit ablenkst, kann ich vielleicht den Dorn herausziehen."

Cheng hielt dem Dinosaurier eine Ginkgofrucht unter die Nase. „Schau her, kleiner Stego! Leckeres Stinkeobst, nur für dich!"

Der Saurier schnupperte an der Frucht, klappte das Maul auf und schnappte sie sich.

In dem Moment packte Tamiko den Dorn und zog ihn mit einem Ruck heraus.

„Ich hab ihn!", rief sie. Die Freunde hielten die Luft an. Das Stegosaurier-Baby stieß ein überraschtes Quieken aus. Ginkgosaft rann ihm über das Kinn. Es schüttelte seinen Fuß und setzte ihn vorsichtig auf den Boden. Dann trabte es von der Lichtung, als wäre nichts gewesen.

„Gute Arbeit!", lobte Cheng. „Dann können wir jetzt ja weiter nach dem Ei suchen."

„Vielleicht sollten wir zuerst nachsehen, ob der Kleine zu seiner Herde zurückfindet", sagte Tamiko. „Und unterwegs nicht von den Allosauriern gefressen wird ..."

Nachdem sie sich einen Weg durch die tiefhängenden Ginkgoäste gebahnt hatten, kamen sie zu einer weiten Ebene, auf der eine Herde ausgewachsener Stegosaurier graste. Tamiko wagte kaum zu atmen. Die Tiere waren noch unglaublicher, als sie es sich vorgestellt hatte! Wie riesige Kühe schnaubten sie laut aus ihren Nüstern, während sie die Farnbüschel samt Wurzeln aus dem Boden rissen. Ihr Rückenkamm aus Knochenplatten sah aus wie eine Rüstung.

Hinter den Ginkgobäumen verborgen beobachteten Tamiko und Cheng, wie der kleine Stegosaurus zu einem erwachsenen Tier stolperte und mit dem Kopf gegen dessen Bein stieß. Mit einem liebevollen Knurren stieß es den Kleinen ebenfalls an.

„Das muss die Mutter sein", sagte Cheng. „Für so gewaltige Tiere ist der Nachwuchs ziemlich niedlich."

Plötzlich hob ein Stegosaurus den Kopf. Sofort horchte auch der Rest der Herde auf. Tamiko spürte, wie die friedliche Stimmung in Panik umschlug. Die Stegosauriermutter brüllte und schlug mit dem Stachelschwanz.

Tamiko sah sich um. Was sie wohl aufgeschreckt hatte?

Zwischen Bäumen und Farn waren muskulöse Beine mit dolchartigen Krallen zu erkennen. Ein bedrohliches Donnern erfüllte die Luft.

„Achtung!“, schrie Tamiko.

Die Allosaurier waren im Anmarsch.

Kapitel 3
STINKENDE TARNUNG

„Versteck dich!“, zischte Tamiko und hechtete mit Cheng hinter ein Farnbüschel. Der Boden zitterte, als neben ihnen ein riesiger, schuppiger Fuß aufstampfte. Tödliche Klauen scharrten über das Moos.

Tamiko zählte acht furchterregende Allosaurier, die direkt auf die Herde der Stegosaurier zuliefen. Sie waren riesig, mit spitzen, gezackten Zähnen und rasiermesserscharfen Krallen an den Vorderfüßen. Tamikos Kehle war trocken und sie rückte näher zu Cheng.

Die Stegosaurier brüllten den Angreifern entgegen und schlugen mit dem Schwanz. Die Allosaurier brüllten zurück. Als die Herde sich zum Kampf bereit machte, ging der kleine Stegosaurier hinter seiner Mutter in Deckung.

Ein Allosaurus stürzte los und schnappte nach der Stegosauriermutter. Mit überraschender Geschwindigkeit sauste ihr mächtiger Schwanz auf ihn nieder und traf ihn mit den Stacheln am Rumpf. Jaulend zog der Allosaurus sich zurück.

„Wir müssen hier weg", sagte Cheng, als ein Dinosaurierschwanz gefährlich nah an ihrem Farnbüschel vorbeizischte, „bevor sie uns auch noch erwischen!"

Plötzlich drehte ein Allosaurus den Kopf und schnüffelte. Die Kinder wichen zurück.

„Hoffentlich riecht er nicht uns", flüsterte Cheng.

Mit geblähten Nüstern sah sich der Allosaurus um ... und schaute genau in ihre

Richtung. Tamikos Magen krampfte sich zusammen. „Er riecht uns!“, wisperte sie gepresst.

„Was machen wir denn jetzt?“

Tamiko sah sich verzweifelt um. Nicht weit von ihnen lag ein dunkelbrauner Haufen eines Allosauriers. Das war die Rettung!

„Wir tarnen unseren Geruch.“ Tamiko zeigte auf den Haufen.

Cheng sah sie entsetzt an. „Wir sollen uns mit Dino-Kacke beschmieren?“

„Entweder das – oder wir werden gleich gefressen.“

„Und ich dachte, dass nichts schlimmer stinkt als diese Gingkofrüchte!“, sagte Cheng mit einem Stöhnen.

Mittlerweile war der Kampf zwischen den Tieren im vollen Gange. Mit aufgerissenen Mäulern warfen die Eindringlinge ihre gewaltigen Köpfe hin und her, während die Stegosaurier auf sie zustürmten. Der Allosaurus, der sie gewittert hatte, wirbelte herum und schnappte nach einem vorbeilaufenden Stegosaurus.

„Jetzt!“, schrie Tamiko. „Solange er noch abgelenkt ist!“ Auf dem Bauch robbten sie

über das offene Gelände. Tamiko spürte jeden einzelnen Muskel. Jeden Moment konnten die Allosaurierkiefer über ihnen zuschnappen …

Unbeschadet erreichten sie den Dinohaufen. Tamiko riss zwei große Farnblätter ab und gab eines davon Cheng. „Hier. Damit kannst du dich beschmieren."

„Das ist ekelhaft", protestierte Cheng. Trotzdem nahm er ein bisschen Allosaurierkacke und schmierte sie sich auf den Arm. „Diese Mission stinkt zum Himmel, im wahrsten Sinne des Wortes!“

Der beißende Geruch trieb auch Tamiko Tränen in die Augen, aber der Trick schien zu funktionieren. Obwohl sie und Cheng ganz nah am Kampfgeschehen waren, bemerkten die Allosaurier sie nicht.

„Und jetzt lauf!“, befahl Tamiko.

Ohne einen Blick zurück sprinteten sie über die Ebene, schlugen sich durch den Farn und rannten über den schwammigen moosbewachsenen Boden zu einem steilen Hügel. Sehr viel weiter oben standen dichte Reihen hoher Nadelbäume,

deren dunkle Äste im Wind schwankten. Die Kinder hielten sich an den Steinen fest und kletterten den Hang hinauf.

Keuchend hievte Tamiko sich auf einen Felsvorsprung und wischte sich den Schweiß von der Stirn. Sie waren erst mal in Sicherheit.

„Ich wünschte, dem Gestank könnten wir auch so leicht entkommen." Cheng ließ sich neben Tamiko plumpsen. Vom Klettern war er außer Atem und ihm war heiß. „Wow! Was für eine Aussicht!"

Vor ihnen breitete sich eine weite Ebene aus, auf der Bäume in dichten Grüppchen wuchsen. Tamiko erkannte die winzige Herde der grasenden Pflanzenfresser. Hinter einem Waldstreifen schimmerte der Sumpf, in dem sie die *Kolumbus* gelassen hatten.

Da störte ein mächtiges Brüllen ihre Ruhe. Es war ziemlich nah – zu nah ...

„Ein Allosaurus“, flüsterte Tamiko erschrocken. „Sie kommen hier hoch. Wir müssen uns verstecken.“

Sie kletterten weiter. Hinter einer Felszunge klaffte vor ihnen der Eingang zu einer Höhle wie ein weit aufgesperrtes Maul. Drinnen war es kühl und dunkel, und von den hohen, zerklüfteten Wänden rann Wasser.

Der Boden war übersät mit Mooskissen.

„Endlich in Sicherheit“, sagte Cheng, „jetzt müssen wir nur noch das Ei finden.“

DAS EI FINDEN, EI FINDEN-N, EI FINDEN-N-N … Das Echo hallte durch die Höhle.

„Wow!“, rief Tamiko. „Wie unheimlich!“

UN-HEIM-LICH-LICH-LIIICH ...

„Aber cool.“ Cheng grinste. „In Höhlen mit sehr hohen Decken prallen die Schallwellen wie Gummibälle von den Wänden ab. Wir sollten flüstern, damit die Saurier uns nicht hören.“

„Guter Tipp, du Geologie-Genie.“

GENIE-NIE-NIE-NIIIEEE ..., kam es von den Wänden zurück.

Tamiko wagte sich ein Stück weiter in die Höhle. Das Wasser an den Wänden kam aus einer Öffnung über ihnen. In einer Ecke lag ein Haufen angefressener Knochen.

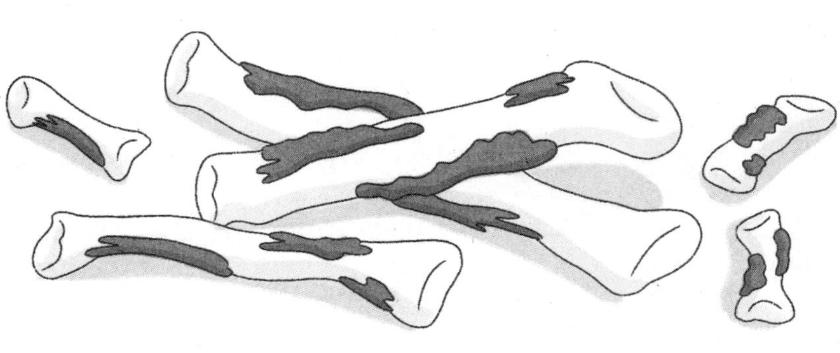

Vorsichtig lugten sie hinaus, um nachzusehen, ob die Allosaurier ihnen auf den Hügel gefolgt waren. Aus den Augenwinkeln bemerkte Tamiko eine Bewegung in den Ästen eines Baums. Ihr wurde mulmig. Hatten die Allosaurier sie entdeckt?

Wieder wackelten die Zweige und an einem Astende tauchte ein merkwürdiger Vogel auf. Er war ungefähr so groß wie ein Rabe, hatte einen klobigen, eidechsenähnlichen Kopf, einen langen knochigen Schwanz und kräftige Beine. Als er die Flügel spreizte, waren weiße Flecken in seinem schwarzen Gefieder zu sehen.

Tamiko wurde ganz hibbelig. „Das ist ein Archäopteryx!"

„Ein Archä-was?“, fragte Cheng.

„Eine Mischung aus einem Vogel und einem Dinosaurier“, erklärte Tamiko. „Vögel stammen von Dinosauriern ab. Archäopteryx ist zwar ein Dinosaurier, hat aber schon Merkmale eines Vogels – wie Federn und leichte Knochen, sodass er fliegen kann.“

„Cool!“, nickte Cheng. „Aber bist du wirklich sicher, dass das ein Dino ist? Er sieht den anderen überhaupt nicht ähnlich.“

„Stimmt.“ Tamiko lächelte. „Aber er hat Krallen an den Flügeln und Knochen im Schwanz ... und schau mal! Er hat Zähne!“

Der Archäopteryx pickte mit seinem Schnabel nach dem Baum. *Wahrscheinlich frisst er Insekten*, dachte Tamiko. Dann entdeckte sie in der Astgabel etwas Rundes, Helles ... Ihr Herz schlug schneller.

„Da ist ein Ei!“, rief sie aufgeregt und zeigte es Cheng.

„Ja, du hast recht!“ Nun sah er es auch. „Glaubst du, es ist das Ei, nach dem wir suchen?“

„Keine Ahnung“, entgegnete Tamiko. War das ihre Mission? Mit dem Ei schien alles in Ordnung zu sein.

Der Archäopteryx spreizte die Flügel. Er wirkte nervös. Tamiko hoffte, dass nicht sie der Grund dafür waren.

Am Fuße des Hügels knackten Äste – dann ertönte wieder ein vertrautes Brüllen. Es klang wie Donnergrollen.

„Die Allosaurier!", rief Tamiko. „Kein Wunder, dass der Archäopteryx so unruhig ist."

Tamiko und Cheng wichen in die Höhle zurück und lugten nach draußen. Vier Allosaurier waren den Hügel heraufgeklettert und streiften schnüffelnd und brüllend herum. Einer von ihnen schnappte nach dem Archäopteryx, der kreischend davonflog.

Das Ei lag verlassen in der Astgabel.

Tamiko und Cheng sahen sich an.

„Das ist unsere Mission!", rief Tamiko. „Wir müssen dieses Ei retten!"

Kapitel 4

ANGRIFF DER PTEROSAURIER

Der Wind rüttelte an den Bäumen. Das Ei, das ein wenig kleiner war als ein Hühnerei, wackelte gefährlich, blieb aber in der Astgabel liegen.

„Oje“, sagte Tamiko und suchte das Stückchen Himmel ab, das sie sehen konnte. „Wenn die Mutter nicht zurückkommt, ist das Ei in großer Gefahr.“

Die Allosaurier streiften noch immer durch die Bäume, aber das Knacken der Äste wurde leiser. Tamiko und Cheng lauschten. Als die Allosaurier weit genug entfernt waren, traten sie vorsichtig zum Eingang der Höhle vor und hielten Ausschau nach dem Archäopteryx.

Plötzlich verdunkelte sich die Höhle. Breite, ledrige Flügel verdeckten den Eingang. Tamiko und Cheng wichen zurück. Es war ein Rhamphorhynchus, ebenfalls ein Flugsaurier – aber sehr viel größer. Er landete direkt vor der Höhle auf einem Ast. Er bog sich und ächzte unter seinem Gewicht. Um das Gleichgewicht zu halten, schlug der Saurier mit den gigantischen Flügeln. Tamiko spürte den Luftzug in ihrem Gesicht.

Cheng machte ein so überraschtes Gesicht, dass Tamiko lachen musste. „Er ist so ... riesig“, staunte Cheng.

„Das größte Flugsaurierfossil, das je gefunden wurde, ist Quetzalcoatlus. Es hatte eine Flügelspannweite von elf Metern“, erklärte Tamiko. „Er war das größte fliegende Tier, das je gelebt hat.“

LEBT HAT ... LEBT HAT ... LEBT HAT ..., hallte das Echo durch die Höhle. Der Flugsaurier drehte den Kopf und starrte Tamiko und Cheng direkt ins Gesicht.

„Er hat uns gesehen!" So schnell er konnte, stolperte Cheng zurück in die Höhle.

Der enorme Pterosaurier schwang sich in die Luft. Er klapperte mit seinem langen Schnabel und raste im Sturzflug auf sie zu. Beim Zurückweichen spürte Tamiko, wie seine ledrigen Flügelspitzen ihr Bein streiften.

„Boah!", japste sie.

Noch einmal versuchte der Pterosaurier kreischend, sich in die Höhle zu stürzen. Aber seine gewaltigen Flügel klatschten gegen den Fels.

Die Freunde kauerten sich ganz hinten an die Wand. Obwohl ihr Herz raste, war Tamiko fasziniert. *Ich kann nicht glauben, dass ich einem lebenden Rhamphorhynchus so nah bin!*, dachte sie. *Ich kann sogar die Zähne in seinem Schnabel sehen.*

„Wir müssen ihn irgendwie loswerden“, sagte Cheng. „Sonst stecken wir für immer in dieser stinkenden Höhle fest.“

Tamiko schnüffelte. „Du hast recht“, sagte sie. „Es stinkt wirklich, aber nicht nur nach Allosaurierkot.“ Dann fiel es ihr wieder ein und sie zog ein paar

Ginkgofrüchte aus ihrem Pulli. „Warte, ich hab eine Idee ..."

Tamiko holte aus und warf die gelben Früchte, so weit sie konnte, in Richtung der Bäume. Kreischend flog der Flugsaurier hinterher und verschwand zwischen den Ästen.

„Nicht schlecht", sagte Cheng. Seine Stimme zitterte ein wenig. „Sehen wir uns das Ei mal genauer an."

Sie rannten zum Baum des Archäopteryx, wo das Ei sicher in seiner Astgabel lag.

Cheng hielt sich die Hand schützend vor die Augen und sah in den Himmel. „Ich kann die Mutter nirgends entdecken“, sagte er.

Das Ei fing an, merkwürdig zu zittern, und Tamiko betrachtete es genauer. *Vielleicht schlüpft es gleich,* dachte sie aufgeregt.

Die beiden spürten ein Grollen unter ihren Füßen. Das war nicht das Ei, das zitterte. Das war der Boden!

„Ein Erdbeben!“, rief Tamiko erschrocken. Zu Hause in Japan gab es oft Erdbeben. Sie kannte die Vorzeichen.

Die Erde wackelte so sehr, dass Cheng sich an einem Baum abstützen musste. Die

Äste des Baums zitterten. Das Ei wackelte … und kippte Richtung Boden.

„Nein!“, schrie Tamiko.

Mit einem Hechtsprung schaffte sie es, dass das Ei genau in ihre Hände plumpste.

„Du hast es!“, schrie Cheng erleichtert.

Aber ein dumpfes Dröhnen ließ ihn verstummen. Am Boden bildete sich ein langer, dunkler Riss, der im Zickzack durch die Bäume verlief.

„Das gefällt mir gar nicht“, sagte Cheng. Er deutete auf das Wasser, das plötzlich aus dem Boden kam. „Aufsteigendes Wasser ist ein sehr schlechtes Zeichen und das

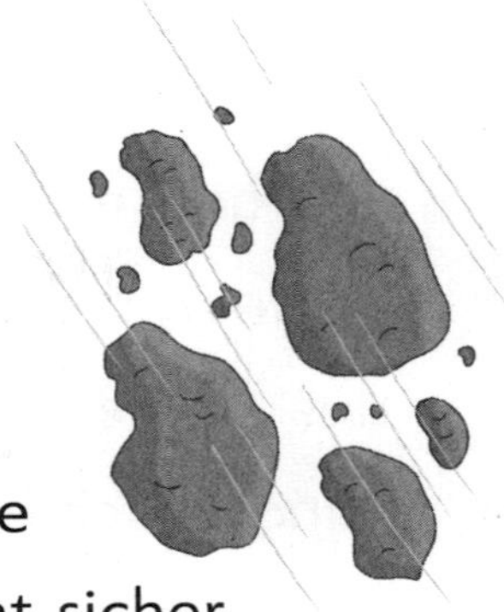

Dröhnen wird auch lauter."
Tamiko drückte das Ei an ihre
Brust.

„Was passiert jetzt?", fragte sie. Aber sie war sich gar nicht sicher, ob sie die Antwort wirklich hören wollte.

Cheng sah sie ernst an. „Es wird einen Erdrutsch geben. LAUF!"

Der Boden wölbte sich unter ihnen und Tamiko konnte kaum noch das Gleichgewicht halten. Felsbrocken prasselten herab. Ein paar abgebrochene Äste verfehlten nur knapp ihre Köpfe. Tamiko verlor den Boden unter den Füßen und stolperte.

„Ahhh!" Schreiend rutschte sie auf dem Hintern bergab.

Cheng war in die Knie gegangen und versuchte es mit Schlittern. Tamiko schlang die Arme schützend um das Ei.

Das Geröll stieß schmerzhaft gegen ihre Arme und Schienbeine, und als sie den Fuß des Hügels erreichten, schlug Cheng der Länge nach hin.

Nach einer gefühlten Ewigkeit beruhigte sich die bebende Erde wieder.

Cheng rappelte sich auf und rannte zu Tamiko. Er hatte Dreck in den Haaren und in seinen Kleidern steckten kleine Zweige. „Alles okay bei dir? Ist das Ei …?“

Ganz langsam öffnete Tamiko die Hände und lächelte erleichtert. Die Schale war noch heil.

„Nichts passiert“, sagte sie. „Dein geologisches Wissen hat uns gerettet. Wären wir nicht sofort losgerannt, wären wir jetzt verschüttet worden.“ Sie stand auf. „Die Mutter wird nach ihrem Ei suchen. Wir müssen es wieder in den Baum legen.“

Gemeinsam betrachteten sie den zerstörten Hang. Überall ragten Felsbrocken aus der Erde und entwurzelte Bäume lagen quer über der abgerutschten Stelle. Der

Baum des Archäopteryx stand noch auf dem Hügel, aber den steilen Abhang konnten sie unmöglich wieder hinaufklettern.

„Wir müssen einen anderen Weg suchen", sagte Tamiko. „Am besten gehen wir um den Hügel herum, bis ... oh!"

Das Ei in ihrer Hand bewegte sich. Auf der gesprenkelten Schale war ein winziger Riss aufgetaucht. Schnell setzte sich Tamiko mit dem zum Leben erwachten Ei auf den Boden.

„Cheng", sagte sie. „Ich glaube, das Archäopteryx-Küken schlüpft!"

Kapitel 5

DINO-FÜTTERUNG

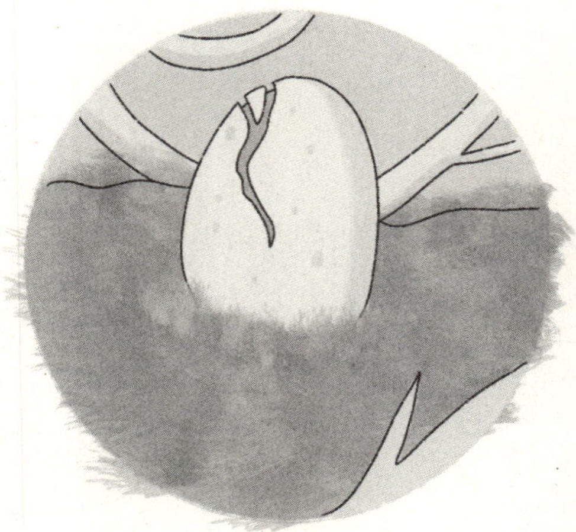

Tamiko konnte ihr Glück kaum fassen. Gleich würde sie einen Dinosaurier schlüpfen sehen! Behutsam legte sie das Ei auf etwas weiches Moos.

Kniend beobachteten die Kinder, wie der Riss im Ei größer wurde. Dann fiel ein Stück von der Schale ab und ein winzig kleines Geschöpf kroch hervor. Mit seinen dünnen, zerzausten Federn und den großen, neugierigen Augen sah es aus wie eine Kreuzung zwischen Vogel und Eidechse.

„Krass“, murmelte Tamiko.

Das Küken plusterte sich auf, riss den Schnabel auf und quiekte.

„Ich glaube, es hat Hunger“, sagte Cheng.

Tamiko wurde nervös. Sie wusste zwar alles über fossile Dinosaurier, hatte aber keine Ahnung, was ein lebendiger brauchte.

Der kleine Archäopteryx sperrte den Schnabel noch weiter auf, als wollte er gefüttert werden.

„Wir brauchen Hilfe", sagte Tamiko. „Fragen wir die Forscher-Kids, was er frisst."

Tamiko pflückte etwas Moos und legte damit die Kapuze ihres Pullis aus. Vorsichtig

setzte sie das Küken hinein. An seinen Flügeln klebte noch ein Stück Schale, das sie als Souvenir ins Moos steckte.

Sie machten sich auf den Weg zurück zur *Kolumbus*. Sie überquerten die Lichtung, auf der sie den kleinen Stegosaurus gefunden hatten, und schlugen sich durch den Farn und die herabhängenden Ginkgozweige. Als sie zum Sumpf kamen, hörten sie lautes Geschrei. Auf dem parkenden Quad saß ein Schwarm kleiner Pterosaurier! Sie schlugen kreischend mit den Flügeln.

KRAAA! KRAAA! KRAAA!, krächzten die Flugsaurier.

BRUMM! PIIIEEEP! Die *Kolumbus* klang verärgert.

Tamiko lachte. „Ich glaube, sie will, dass sie verschwinden! Husch, husch!" Mit den Armen fuchtelnd rannte Tamiko auf die kleinen Biester zu.

Die Saurier flatterten davon und das Quad hupte zufrieden.

Cheng kletterte auf den Fahrersitz und tippte auf den Bildschirm am Armaturenbrett. „Hoffentlich funktioniert es", murmelte er. „Immerhin sind wir 150 Millionen Jahre von zu Hause entfernt ..." Er schaltete das Mikrofon ein. „Zentrale, bitte kommen! Zentrale, bitte kommen!"

Der Bildschirm flackerte, dann tauchten die Gesichter der anderen Forscher-Kids auf.

„Hi, Leute!", rief Connor. „Wie geht's euch im Jura?"

„Mal abgesehen davon, dass mich fast ein Stegosaurus zerquetscht hätte und ich nach Allosaurier-Kacke stinke, ganz gut“, sagte Cheng grinsend.

Tamiko schob die Hand in die Kapuze ihres Pullis und nahm das Archäopteryx-Küken vorsichtig heraus. Vergnügt flatterte es mit den winzigen Flügeln.

„Darf ich vorstellen? Unser neues Teammitglied.“

„Wow!“, rief Roshni. „Ist das etwa ein Dinosaurier-Baby?“

„Es ist ein Archäopteryx.“ Tamiko erzählte ihnen der Reihe nach, was passiert war. „Wir müssen es zu seiner Mutter zurückbringen. Aber bis dahin haben wir keine Ahnung, was es braucht.“

Lea, die Biologin, dachte nach. „Mit Archäopteryx-Jungen kenne ich mich zwar nicht aus, aber wenn es wie bei anderen Küken ist, kann ich euch helfen. Ihr müsst es auf jeden Fall warm halten."

Tamiko zeigte ihr das Moos in ihrem Pulli.

„Perfekt! Und ihr müsst es mit Larven, Käfern, Insekten und Würmern füttern."

„Gab es die im Jura schon?", fragte Olli.

„Mehr als Dinosaurier", bemerkte Tamiko. „Es gab Käfer, Libellen und Wespen. Und Würmer."

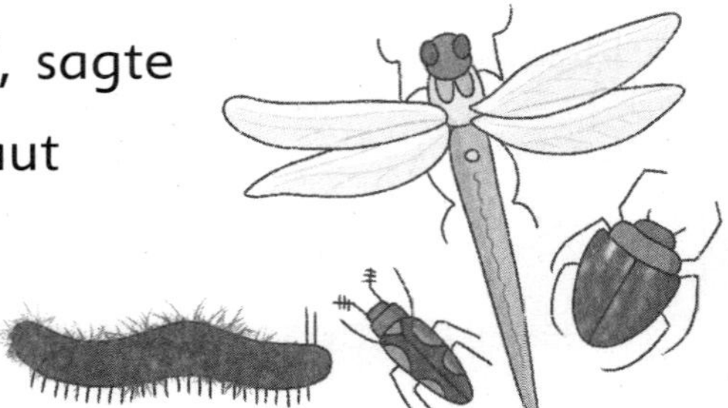

„Ausgezeichnet", sagte Lea. „Oh, und schaut das Küken nicht zu lange an."

„Und warum nicht?", fragte Cheng. „Bekommt es sonst Angst?"

„Nein, aber es könnte euch für seine Eltern halten und die richtige Mutter nicht mehr annehmen“, erklärte Lea.

Tamiko und Cheng bedankten sich bei ihren Freunden für die Hilfe.

„Viel Glück!“, rief Kiki und alle winkten zum Abschied.

Cheng schaltete den Bildschirm aus. Als Tamiko den Archäopteryx wieder in ihre Kapuze steckte, biss er sie kräftig in den Finger.

„Autsch!“, schrie sie. „Wir müssen für den kleinen Kerl dringend Babynahrung finden, Cheng.“

Sie gingen zurück zum Hügel – oder besser gesagt zu dem, was davon noch übrig war. Unterwegs suchten sie nach Tieren, die dem Archäopteryx schmecken könnten.

Auf einem Farnblatt entdeckte Cheng einen toten Käfer.

„Ein Brochocoleus“, sagte Tamiko. „Auch bekannt unter dem Namen ...“

„Abendessen!“, ergänzte Cheng.

Er ließ den Käfer vor Tamikos Kapuze baumeln. Der Archäopteryx reckte den Kopf hervor und mit einem Happs war der Käfer weg.

„Scheint ihm zu schmecken“, sagte Cheng erfreut. „Hey, ist dort nicht ein Wurm?“

Sie gingen weiter um den Hügel und sammelten alle Insekten und Würmer auf, die sie fanden. Gierig schlang der Archäopteryx alles hinunter und schlug mit den Flügelchen.

„Boah!", staunte Cheng, als sie an den Rand einer üppigen grünen Ebene kamen. „Was ist DAS denn?"

Eine Gruppe riesiger Saurier reckte die langen Hälse und fraß die Blätter von den Kronen der Bäume. Ihre langen Schwänze wedelten durchs Gras.

„Turiasaurier", staunte Tamiko. Sie waren noch größer, als sie sie sich vorgestellt hatte.

„Das sind die größten Dinosaurier, die je in Europa entdeckt wurden. Wissenschaftler glauben, dass einer so viel wog wie sechs oder sieben Elefanten."

„Wow." Cheng war beeindruckt. „Schau mal!" Er zeigte auf einige Nebelschwaden am anderen Ende der Ebene. „Das sieht nach einer geothermischen Quelle aus. Bestimmt ist das Wasser angenehm warm. Dort können wir uns endlich die Dino-Kacke abwaschen!"

Sie rannten über die Wiese. Aus einem von Steinen umgebenen Tümpel stieg Wasserdampf auf. Tamiko legte den Kapuzenpulli mit dem Archäopteryx behutsam auf den warmen Boden bei der Quelle und watete samt Kleidern ins warme, blubbernde Wasser. Im Nu drang es durch ihre Jeans und wusch den Dino-Kot heraus. „Das ist ja wie in der Badewanne!" Sie lachte.

Neben ihr tauchte Cheng bis zum Hals ein und wusch sich den Schmutz aus dem Gesicht. „Das Wasser wird von Magma erwärmt", erklärte er. „Das ist heißes, flüssiges Gestein unter der Erdkruste."

Als sie sauber waren, nahmen sie eine Handvoll Moos und trockneten sich damit ab. Danach ging Tamiko wieder zu ihrem Kapuzenpulli, um nach dem Kleinen zu sehen.

Vorsichtig streichelte sie den Archäopteryx mit einem Finger, sah ihn dabei aber nicht zu lange an. Genau wie Lea es gesagt hatte.

„Jetzt bringen wir dich nach Hause, okay?", sagte sie.

Wieder kletterten Tamiko und Cheng über Felsen und kämpften sich durch dichte Äste, bis sie plötzlich vor einem tiefen Spalt standen. Viel zu breit, um hinüberzuspringen, wand er sich wie eine riesige Schlange durch die Landschaft.

„Hier kommen wir nicht weiter“, sagte Cheng betrübt.

Was sollten sie jetzt tun?

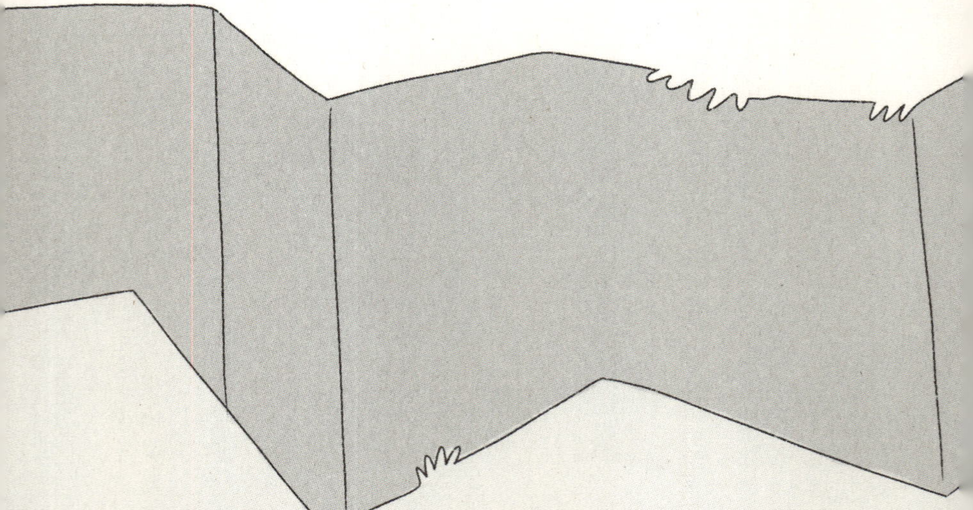

Kapitel 6

SCHNELL ZURÜCK ZUM NEST

„Den Spalt muss das Erdbeben verursacht haben“, sagte Cheng. Er kniete sich hin und nahm etwas Erde in die Hand. „Sie ist ganz frisch.“

„Aber irgendwo muss er zu Ende sein“, meinte Tamiko und fing an, den Spalt entlangzugehen. Sie durften keine Zeit verlieren. „Vielleicht ist die Archäopteryx-Mutter schon zurück und sucht ihr Ei. Wir müssen ihr schnell ihr Junges bringen."

Sie liefen los. Immer wieder lagen Bäume im Weg, die das Erdbeben entwurzelt hatte. Vor ihnen rutschte ein großer Stein in den Spalt, aber bis Tamiko und Cheng den Aufschlag hörten, dauerte es eine Ewigkeit.

„So wird das nichts", sagte Tamiko. Sie liefen schon zehn Minuten und das Ende

des Spalts war immer noch nicht zu sehen. „Versuchen wir es in die andere Richtung."

Sie machten kehrt. Ab und an zog Cheng Würmer und Käfer aus den frischen Erdschollen und gab sie dem kleinen Dino.

„Ich befürchte, dieser Spalt hört nie auf", sagte er und starrte in die Ferne.

Tamiko stöhnte. Das alles dauerte viel zu lange. Sie setzte sich auf einen umgefallenen Baumstamm, um nachzudenken ... und sprang sofort wieder auf. Sie hatte

eine Idee. „Wir bauen aus dem Stamm eine Brücke!“

„Gute Idee“, sagte Cheng. „Theoretisch.“

Tamiko stemmte eine Hand in die Hüfte. „Was soll das heißen, *theoretisch*?“

„Der Baum ist viel zu groß“, sagte Cheng. „Den bekommen wir niemals von der Stelle.“ Er hatte recht. Der Baum war riesig, mit einem dicken Stamm und breiten Ästen. „Aber wir können einen kleineren suchen“, fügte er hinzu.

Überall lagen entwurzelte Bäume herum wie verstreute Streichhölzer. Tamiko suchte mit Cheng nach der perfekten Brücke. Den Archäopteryx, der gerade einen Wurm verspeiste, setzte sie in ihrem Pulli auf den

Boden. Sie probierten, ein paar der kleineren Bäume hochzuheben, doch es war vergeblich. Das Beste, was sie fanden, war ein schmaler Ginkgostamm, der nah am Spalt lag. Mit vereinten Kräften rollten sie ihn über den Boden. „Wir packen ihn an einem Ende und schieben das andere über den Spalt“, schlug Tamiko vor.

Gesagt, getan. Sie schoben und drückten und immer wieder brachen Erdbrocken ab und stürzten in die Tiefe. Doch schließlich

lag der Stamm über dem Spalt. Tamiko und Cheng jubelten.

„Das nenne ich echte Teamarbeit!", sagte Tamiko und strahlte.

In dem Moment streifte plötzlich etwas ihren Fußknöchel. Erschrocken sah sie nach unten und erkannte einen Compsognathus. Kreischend und Zähne fletschend sprang eine ganze Herde der kleinen Fleischfresser aus den Farnbüscheln.

„Der Archäopteryx!", schrie Tamiko entsetzt. „Sie werden ihn fressen!"

Sie ruderte wild mit den Armen und rannte los. „Weg mit euch!", schrie sie die Zwergsaurier an. Cheng kam ihr mit einem abgebrochenen Ast zu Hilfe, den er hin und her schwenkte. Aber die Räuber hatten bereits den Kapuzenpulli erreicht. Tamiko sprintete schnell zwischen ihnen hindurch, schnappte sich den kleinen Archäopteryx und schlang die Arme um ihn.

Die Zwergdinos wuselten um ihre Beine. Cheng fuchtelte mit seinem Ast und schrie, so laut er konnte. „Verschwindet! Sucht euch ein anderes Abendessen!" Kreischend stoben die Saurier auseinander.

„Los, schnell über die Brücke, bevor sie zurückkommen.“ Tamikos Herz hämmerte. Mit dem Küken balancierte sie, so schnell sie sich traute, über den Baumstamm. Unter ihr klaffte ein tiefer dunkler Abgrund. Ein Fehltritt und er würde sie verschlucken. Tamikos Knie zitterten. *Nicht nach unten sehen*, befahl sie sich. Dann war sie auf der anderen Seite.

Cheng blies die Backen auf und rannte einfach los. Als er neben Tamiko von der selbst gebauten Brücke sprang, holte er erleichtert Luft. „Puh! Geschafft.“

Sich an Steine und Zweige klammernd kletterten sie den Berg hinauf. „Bald bist du wieder zu Hause“, tröstete Tamiko den kleinen Archäopteryx. Wie schon zuvor fütterte Cheng das Küken mit Würmern und Käfern. Hungrig schlang es sie hinunter.

Endlich waren sie zurück bei den Bäumen.

„Aber welcher Baum war es?“, fragte Cheng.

Tamiko sah sich um. Ein paar Bäume waren vom Erdrutsch mitgerissen worden. Doch dann entdeckte sie einen, der höher war als die anderen, mit dunkelgrünen, duftenden Nadeln. Sie zeigte mit dem Finger darauf. „Der da, glaube ich.“

Sie horchten, ob sie die Schreie der Mutter hörten, aber da war nur das Rascheln der Zweige. Tamiko kaute auf ihrer Unterlippe.

„Und wenn sie nicht zurückkommt?“, fragte Cheng.

„Wir könnten leckeres Futter suchen und in den Baum legen“, schlug Tamiko vor. „Vielleicht lockt sie das zurück.“

Als sie herumrannten, um noch mehr Würmer und Insekten zu sammeln, fielen Tamiko die Knochen in der Höhle ein. Sie sprintete los, um sie zu holen. An den Knochen hingen noch Fleischfetzen, die die Dinosaurier-Mutter fressen konnte. „Damit könnte es klappen“, rief sie Cheng zu.

KLAPPEN … KLAPPEN … KLAPPEN …, hallte das Echo aus der Höhle.

Cheng kletterte bis direkt unter die Stelle, an der das Ei gelegen hatte. Tamiko reichte ihm die Knochen und Insekten nach oben, und er legte sie auf den Ast über sich. „Ein köstliches Festmahl“, sagte er. „Zumindest für einen Archäopteryx.“

Tamiko hörte schnüffelnde Geräusche und drehte sich um. Im Farn zwischen den Bäumen graste die Stegosaurierherde. Der kleine Stegosaurus kam zum Baum und schnupperte an Tamiko. Mit einem riesigen Farnblatt im Maul sah er zu Cheng im Baum hoch und grunzte.

„Ich glaube, er will wissen, was wir da machen“, sagte Tamiko lachend.

Plötzlich ließ der Stegosaurus den Farn fallen, blähte die Nüstern und stieß ein

ängstliches Jaulen aus. Sofort stimmten die erwachsenen Tiere mit ein.

„Was haben sie?", fragte Cheng.

Tamiko schauderte. Sie ahnte bereits, was los war ... und tatsächlich: Zwischen den Bäumen war ein Brüllen zu hören.

Tamiko und Cheng sahen sich entsetzt an.

„Die Allosaurier kommen zurück!", schrie Tamiko.

Kapitel 7
TAMIKO-RAPTOR

Schnaubend und jaulend ergriffen die Stegosaurier die Flucht.

Dann war es still.

„Das gefällt mir nicht“, sagte Cheng und rutschte den Baumstamm hinunter.

Tamiko hörte nur ihren eigenen Atem, so unerträglich still war es. Wo waren die Allosaurier?

Cheng roch an seinen Armen. „Ich wünschte, wir hätten den Kot nicht abgewaschen“, murmelte er. „Die Allosaurier können uns bestimmt riechen.“

Tamiko ballte die Fäuste. Sie zwang sich, ruhig zu bleiben. „Okay“, überlegte sie. „Wir haben zwei Probleme. Erstens: Wenn die Allosaurier in der Nähe sind, wird die

Archäopteryx-Mutter nicht zurückkommen. Zweitens: Wenn sie uns aufspüren, fressen sie uns."

Zwischen den Bäumen war erneut ein Brüllen zu hören. „Und drittens bleibt uns nicht mehr viel Zeit."

„Was ist mit der Höhle?", fragte Cheng. „Warum verstecken wir uns nicht dort?"

Tamiko sah zu der dunklen Öffnung. Chengs Vorschlag war verlockend ... aber sie schüttelte den Kopf. „Dort sitzen wir in der Falle. Wenn die Allosaurier angreifen, kommen wir nicht mehr raus."

Chengs Augen leuchteten. „Ich weiß, was wir machen! Wir verstecken uns nicht in der Höhle, sondern wir nutzen ihr Echo! Wenn wir laut genug schreien, verjagen wir die Allosaurier vielleicht."

„Du meinst, wir brüllen die Dinosaurier in die Flucht?" Tamiko schöpfte wieder Hoffnung. „Als wären wir selbst Dinosaurier?"

Cheng grinste. „Genau!"

Das Archäopteryx-Küken schrie und Tamiko kraulte es unter dem Schnabel.

„Die Idee scheint ihm zu gefallen", sagte sie. „Versuchen wir es!"

Das Brüllen kam näher. Schnell stopfte Tamiko Moos in ein hohles Astloch und setzte den Archäopteryx hinein. Sollte ihr Plan schiefgehen, würde wenigstens dem Kleinen nichts passieren. Er blinzelte sie an.

„Pass auf dich auf", sagte sie. „Und mach keinen Lärm, okay?"

Der Archäopteryx legte die Flügel eng an den Körper und kuschelte sich ins Moos.

Tamiko und Cheng rannten zur Höhle. „Ganz nach hinten“, rief Cheng. „Dort ist das Echo am lautesten.“

Sie waren gerade durch die Öffnung getaucht, als die Allosaurier durch die Bäume brachen. Tamiko konnte ihre kräftigen Beine

sehen. Grunzend und brüllend liefen sie hin und her und schnüffelten an Bäumen und Steinen. Tamiko griff nach Chengs Arm, während die Raubtiere der Höhle näher und näher kamen ...

Der Größte blähte die Nüstern, neigte den Kopf und lauerte am Eingang. Dann stieß er ein lautes Brüllen aus.

„Er weiß, dass wir hier sind“, flüsterte Tamiko. Ihr Herz raste. *Wenn das hier*

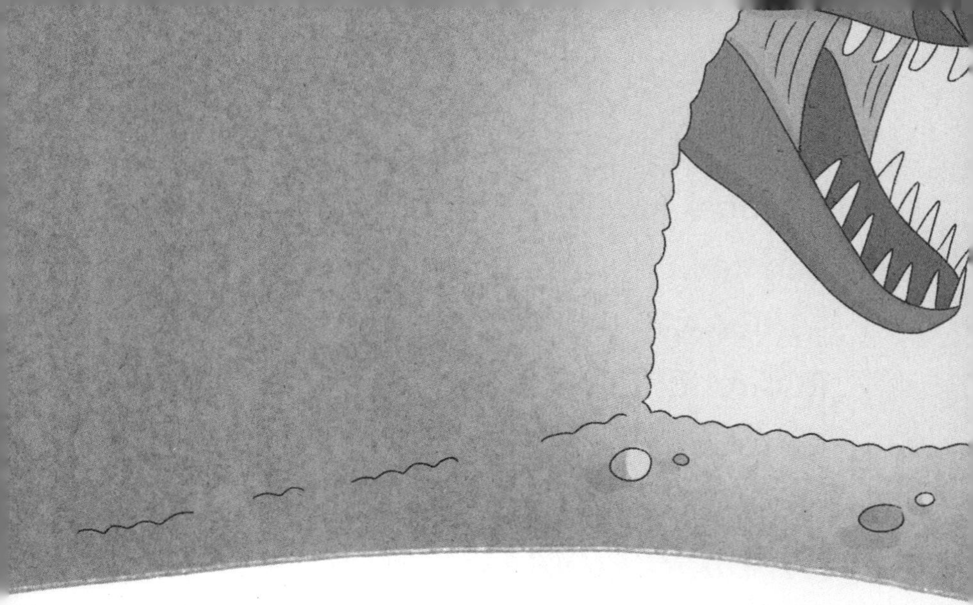

nicht funktioniert, dachte sie, *enden wir als Allosaurier-Snack.*

„Bereit?", flüsterte Cheng.

„Bereit", flüsterte Tamiko zurück. „Auf drei. Eins ... zwei ..."

„ROAAARRR!!!!"

Tamiko und Cheng brüllten, was ihre Lungen hergaben.

ROAAARRRROAAARRRROAAAR!, hallte das Echo von den Wänden wider. Es war so laut, dass Tamiko und Cheng sich die Ohren zuhielten.

„ROAAARRR!!!!“, brüllten sie noch einmal. „ROAAARRR!!!!“

ROAAARRRROAAARRRROAAAR ...
ROAAARRRROAAARRRROAAAR ...
ROAAARRRROAAARRRROAAAR!

Während er brüllte, krümmte Cheng die Finger zu Krallen und stampfte durch die Höhle wie ein Saurier. Tamiko musste kichern.

ROAAARRRROAAARRRR-ROAAAR! HIHIHAHAHIHI!

Das Echo von Tamikos Gekicher klang so unheimlich, dass der Allosaurus vor dem Höhleneingang zurückwich und seinen Kopf schieflegte.

Wahrscheinlich überlegt er, welche Saurier ein solches Geräusch machen, dachte Tamiko. Knurrend trottete er davon.

Mucksmäuschenstill schlichen Tamiko und Cheng zum Höhlenausgang und lugten hinaus.

Der große Allosaurus trabte den Hügel hinunter und die übrigen Raubtiere folgten ihm mit

gesenkten Köpfen. Das Echo hatte sie tatsächlich vertrieben!

„Hurra!“, jubelte Tamiko. „Wir haben sie verjagt!“

„Von nun an darfst du mich Ty-Cheng-o-saurus rex nennen“, scherzte Cheng.

„Und du mich Tamiko-Raptor!“

Die Allosaurier waren weg. Ob die Mutter des Archäopteryx nun zurückkam?

Kapitel 8
ZURÜCK NACH HAUSE

Tamiko und Cheng saßen auf einem der Bäume und suchten den Himmel ab. Über ihnen kreisten Pterosaurier und von der Ebene röhrten die Rufe der grasenden Dinosaurier zu ihnen herauf.

Aber die Archäopteryx-Mutter war nirgends zu sehen.

Abwechselnd suchten sie nach Würmern und Insekten, die sie dem Küken fütterten. Es saß wieder in der Astgabel, in der sein Ei gelegen hatte, quiekte und putzte sich mit seinem winzigen Schnabel die Federn.

Langsam ging die Sonne unter.

„Was ist, wenn die Mutter nie wieder kommt?“, fragte Cheng voller Sorge.

Tamiko rieb sich müde die Augen. „Ich weiß es nicht“, gab sie zu. Über diese Möglichkeit wollte sie gar nicht nachdenken.

Cheng starrte auf den Wurm in Tamikos Hand. „Ich bin so hungrig, dass ich den selbst essen könnte“, sagte er.

Tamiko krabbelte zum Küken und ließ den Wurm in seinen Schnabel fallen. „Zu spät“, sagte sie.

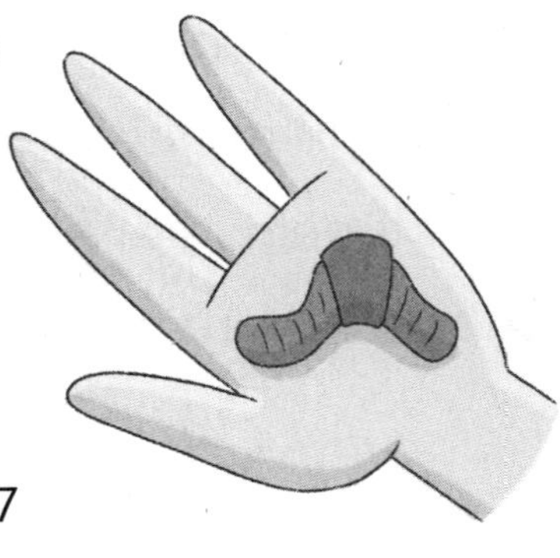

Der Himmel nahm eine goldene Farbe an. Cheng lehnte sich gegen den Stamm und schlang die Arme um die Knie. „Dann träume ich eben von einer leckeren Suppe", sagte er. „Einer großen Schüssel heißer Suppe und zum Nachtisch Schokoladeneis mit ... Was ist?"

Tamiko hatte die Hand gehoben und starrte nach oben. „Hörst du das?"

Das Küken quiekte aufgeregt und aus der Ferne kam ein Rufen. Es klang weder wie die spitzen Schreie der Flugsaurier noch wie das Schnauben eines Stegosaurus. Und auch nicht wie das Gebrüll der Allosaurier.

„Da!", rief Tamiko. „Es ist die Mutter, Cheng! Sie kommt zurück!"

Am Himmel segelte mit weit gespreizten Flügeln die Archäopteryx-Mutter. Das Baby schrie und sie antwortete ihm. Tamiko

und Cheng beobachteten, wie sie die Bäume umkreiste.

Schließlich landete sie neben ihrem Jungen und der zappelnde Wurm, den sie im Schnabel hatte, verschwand sofort im Schlund des Kleinen.

Tamiko und Cheng sahen sich an und reckten ohne einen Ton die Fäuste in die Luft. Sie wollten die Mutter nicht wieder verscheuchen.

Über ihnen waren noch mehr Schreie zu hören. Vier weitere Archäopteryxe ließen sich neben dem Küken nieder.

„Sie leben hier", flüsterte Tamiko. „Wir haben nicht nur einen Archäopteryx vor den Allosauriern gerettet, sondern Tausende."

„Es sind nur fünf", widersprach Cheng. „Mit dem Küken sechs."

„Im Moment schon. Aber dank uns können sie hier nisten, ohne Angst vor den Raubtieren haben zu müssen. Sie können Junge bekommen, die wieder Junge bekommen, und sich immer weiter vermehren – über viele Generationen. Das ist für die Entwicklung unserer modernen Vögel von großer Bedeutung!"

„Wow!" Cheng war sehr beeindruckt. „Dafür verdienen wir zumindest ein Schulterklopfen."

Tamiko hätte den Archäopteryxen noch ewig zusehen können, wie sie kreischend ihre Kreise zogen, aber im Sumpf wartete die *Kolumbus* auf sie. Und die anderen in der Forscherzentrale konnte es sicher kaum erwarten, dass sie ihnen alles über ihre Mission erzählten. Vorsichtig stiegen die Freunde den abgerutschten Hang hinunter und bahnten sich einen Weg durch die Bäume und den Farn. Als die Jurasonne gerade hinter dem Horizont verschwand, erreichten sie den Sumpf.

Sie stiegen in die *Kolumbus*, schnallten sich an und Tamiko drückte den Nach-Hause-Knopf. Die Gänge knirschten. Es gab einen Lichtblitz und einen heftigen Windstoß und die weichen Ledersitze wurden wieder zu abgenutzten Holzsitzen. Sie waren zurück in der Zentrale.

„Das war knapp!", rief Lea. „Wir haben das Ganze am Bildschirm verfolgt."

Plappernd und lachend umringten die Forscher-Kids Tamiko und Cheng und gratulierten ihnen zu ihrem erfolgreichen Einsatz.

„Habt ihr etwas mitgebracht?“, wollte Olli wissen.

Tamiko fiel ihr kleines Souvenir wieder ein. Aber anstatt der zerbrechlichen Archäopteryx-Eierschale zog sie einen Stein aus der Tasche.

„Es ist jetzt ein Fossil!“ Erstaunt betrachtete sie das kleine Stück Schale.

„Nach 150 Millionen Jahren war das zu erwarten“, sagte Gustavo mit einem Grinsen.

Tamiko öffnete einen der Glaskästen und legte ihr Fossil neben einen versteinerten Haizahn.

„Das hat Spaß gemacht, Tamiko", sagte Cheng. „Mal abgesehen von den Allosauriern. Und der Dino-Kacke!"

Tamiko und Cheng boxten lächelnd die Fäuste gegeneinander. Dann winkte Tamiko den anderen zum Abschied und trat durch die leuchtende Tür.

Es gab einen Ruck und einen Lichtblitz. Tamiko musste sich festhalten, um von dem heftigen Windstoß nicht umgeweht zu werden. Unter ihren Fingern spürte sie einen warmen, glatten Türrahmen.

Sie war wieder zu Hause in Nemuro vor ihrem Lieblingsladen.

„Oh!", staunte sie.

Im Schaufenster lag eine perfekt erhaltene fossile Feder. Tamiko schloss die Augen und dachte an den warmen, zappelnden kleinen Dinosaurier in ihrem Kapuzenpulli. Sie lächelte.

Was für eine Mission! Sie konnte die nächste kaum erwarten.

DIE ZEIT DER DINOSAURIER

Das Zeitalter, in dem Dinosaurier die Erde beherrschten, wird Mesozoikum genannt. Es dauerte 180 Millionen Jahre und ist in drei Abschnitte unterteilt: Trias, Jura und Kreide. Während dieser Zeitspanne veränderte sich das Klima und neue Pflanzen und Tiere tauchten auf.

TRIAS

Auf der Erde war es überwiegend heiß und trocken. Das Land war Wüste und es gab nur wenige Pflanzen. Zum ersten Mal tauchten kleine Dinosaurier und winzige Säugetiere auf.

Vor 250-200 Millionen Jahren

Plateosaurus

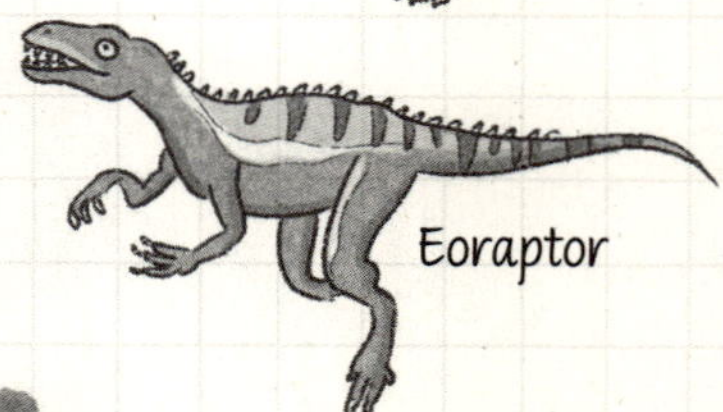

Eoraptor

Coelophysis

TAMIKOS NOTIZEN

JURA

Auf der Erde wurde es sehr viel feuchter. Es wuchsen Wälder und eine üppige Vegetation versorgte die riesigen, pflanzenfressenden Saurier mit Nahrung. Libellen und die ersten Vögel tauchten auf.

KREIDE

Die Temperaturen fielen und es entstand ein mildes, feuchtes Klima. Die Dinosaurier waren die mächtigsten Tiere der Erde – am Ende der Kreide starben die meisten von ihnen jedoch aus.

Vor 200–145 Millionen Jahren

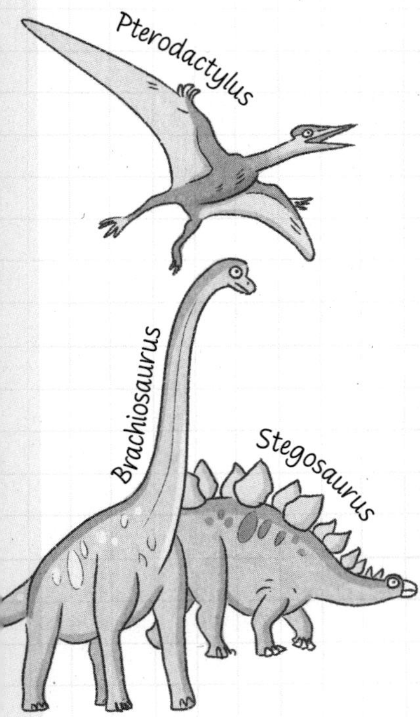

Vor 145–66 Millionen Jahren

WELCHE DINOS?

Unsere Mission hat uns zurück ins Erdzeitalter des Jura geführt. Hier ein paar der Dinosaurier, die wir dort getroffen haben:

Allosaurus

Furchterregendes Raubtier mit scharfen, gezackten Zähnen. Er jagte Pflanzenfresser wie Stegosaurus, aber auch kleinere Raubtiere.

- Länge: 12 Meter
- Lebensraum: offene Waldgebiete
- Nahrung: Fleisch

Archäopteryx

Eines der ältesten Mitglieder der Familie der Vögel. Seine Entdeckung war der Beweis, dass es eine Verbindung zwischen Dinosauriern und Vögeln gibt.

- Länge: 45 Zentimeter
- Lebensraum: Wälder
- Nahrung: Insekten und Reptilien

- Länge: 9 Meter
- Lebensraum: Wälder
- Nahrung: Pflanzen

Stegosaurus

Ein großer Pflanzenfresser mit Stachelschwanz, um Raubtiere zu verjagen. Er war so groß wie ein Elefant, hatte aber ein Gehirn in der Größe eines Apfels.

KEINE Dinosaurier!

Plesiosaurier und Pterosaurier lebten wie die Dinosaurier im Jura und der Kreide. Die im Meer beheimateten Plesiosaurier waren riesige Fleischfresser mit sehr langem Hals. Pterosaurier waren fliegende Reptilien, zu ihnen zählt auch Pterodaktylus.

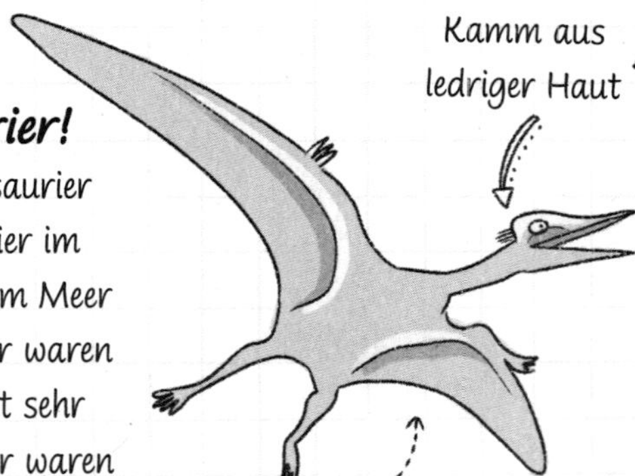

WIE EIN FOSSIL ENTSTEHT

Fossilien sind die Überreste von Lebewesen, die schon seit Millionen Jahren tot sind. Es gibt sehr unterschiedliche Fossilien, vom spektakulären Stegosaurier-Skelett bis zu winzigen Ammoniten. Fossilien helfen uns zu verstehen, wie sich das Leben auf unserem Planeten im Laufe der Zeit verändert hat. Wissenschaftler, die Paläontologen genannt werden, graben die Fossilien aus und untersuchen sie.

1. Ein Tier sinkt und sinkt in den Schlamm am Ufer eines Flusses.

2. Im Laufe von Millionen Jahren wird das Tier unter mehreren Schichten aus Schlamm, Sand und Asche begraben.

3. Die Knochen des Tiers werden zu Stein. Die Gesteinsschichten über dem Fossil verwittern allmählich, sodass es langsam wieder an die Oberfläche kommt.

4. Paläontologen entdecken das versteinerte Skelett, legen es frei und packen es zum Schutz in Gips. Dann wird das Fossil in ein Labor gebracht und untersucht oder in einem Museum ausgestellt.

Arten von Fossilien

* Körperfossilien – wie Knochen, Zähne oder Muschelschalen
* Versteinerte Fossilien – von Pflanzen oder weichem Gewebe wie Muskeln
* Spurenfossilien – zum Beispiel fossile Fußabdrücke, die den Forschern etwas über das Verhalten eines Lebewesens verraten
* Koprolithe – versteinerter Kot!

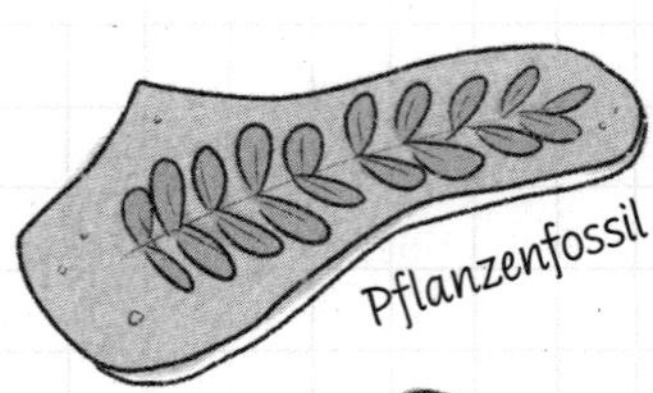

QUIZ

1 Richtig oder falsch: Das Zeitalter, in dem die Dinosaurier lebten, heißt Mesozoikum.

2 In welchem Zeitabschnitt lebten die Stegosaurier?

3 Welches Tier ist die Verbindung zwischen Dinosauriern und Vögeln?

4 Richtig oder falsch: Pterosaurier und Plesiosaurier sind Dinosaurierarten.

5 Wie heißt ein Wissenschaftler, der Dinosaurier erforscht?

6 Was ist ein Koprolith?

7 Vor wie vielen Jahren sind die Dinosaurier ausgestorben?

8 Was hat Allosaurus gefressen?

SUCHE DIE LIBELLEN!

In diesem Buch sind acht Libellen versteckt. Kannst du sie finden?

So sehen sie aus!

Die Lösungen findest du auf Seite 127.

BEGRIFFE

ALLOSAURUS
Großer Raubdinosaurier im Jura mit kräftigen Hinterbeinen und langen gekrümmten Krallen.

AMMONIT
Meerestier, das zur Zeit der Dinosaurier lebte.

ARCHÄOPTERYX
Kleiner fleischfressender Urvogel im Jura, der als Vorfahre der Vögel gilt.

COMPSOGNATHUS
Fleischfressender Dinosaurier im Jura, der auf zwei Beinen lief und nur so groß wie ein Huhn war.

DINOSAURIER
Urzeitliche Reptilien, die im Mesozoikum lebten.

FOSSIL

Im Gestein erhaltene Überreste von Lebewesen.

FOSSILISATION

Vorgang, der aus einem Tier oder einer Pflanze ein Fossil macht.

GINKGO

Baumart, die schon im Jura existierte.

JURA

Zweiter Abschnitt des Mesozoikums (vor 200–145 Millionen Jahren).

KOPROLITH

Versteinerter Tierkot.

KREIDE

Dritter Abschnitt des Mesozoikums (vor 145–66 Millionen Jahren).

MESOZOIKUM
Zeitalter der Dinosaurier, das sich aus Trias, Jura und Kreide zusammensetzt.

PALÄONTOLOGIE
Wissenschaft, die Dinosaurier und andere Fossilien untersucht.

PLESIOSAURIER
Meeresreptilien (meist mit langem Hals), die im Mesozoikum lebten.

PTEROSAURIER
Fliegende Reptilien, die im Mesozoikum lebten.

QUETZALCOATLUS
Einer der größten Flugsaurier, der mindestens so groß wie eine Giraffe war.

RHAMPHORHYNCHUS
40 cm langer Flugsaurier. An der Schwanzspitze befand sich ein rautenförmiges Segel aus Haut.

RAUBTIER

Tier, das andere Tiere jagt, um sie zu fressen.

REPTILIEN

Wechselwarme Tiere mit schuppiger Haut wie Eidechsen, Schlangen, Krokodile und Dinosaurier.

TRIAS

Erster Abschnitt des Mesozoikums (vor 250–200 Millionen Jahren).

Lösungen

1. Richtig
2. Im Jura
3. Archäopteryx
4. Falsch
5. Paläontologe
6. Versteinerter Dinosaurier-Kot
7. Vor 66 Millionen Jahren
8. Fleisch

DK | Penguin Random House

Für Oscar

Text for DK by Working Partners Ltd
9 Kingsway, London WC2B 6XF
Mit speziellem Dank an Lucy Courtenay

Gestaltung Collaborate Ltd, Joanne Clark
Illustrationen Ellie O'Shea
Fachliche Beratung Emily Keeble
Lektorat Sam Priddy, Sarah Larter
Herstellung Nikoleta Parasaki, Ena Matagic

Der Verlag dankt Sally Beets, James Mitchem und Seeta Parmar für zusätzliche Lektoratsunterstützung.

Für die deutsche Ausgabe:
Verlagsleitung Monika Schlitzer
Programmleitung Heike Faßbender
Redaktionsleitung Martina Glöde
Projektbetreuung Martina Glöde, Angelika Herre
Herstellungsleitung Dorothee Whittaker
Herstellungskoordination Katharina Schäfer
Herstellung Leonie Herr, Jenny Kolbe

Titel der englischen Originalausgabe:
Secret Explorers: Jurassic Rescue

Übersetzung Katja Hald
Lektorat Susanne Böse

ISBN 978-3-8310-4791-8

Druck und Bindung TBB, a.s., Slowakei

FSC www.fsc.org
MIX
Papier | Fördert gute Waldnutzung
FSC® C018179

www.dk-verlag.de

Klimaneutral
Druckprodukt
ClimatePartner.com/10326-2303-1002